Promo it

An Author's Book for Book Promotions

Date	Promo Booked	Cost

Date	Promo Booked	Cost

Date	Promo Booked	Cost

Date	Promo Booked	Cost

Date	Promo Booked	Cost

DATE	PROMO BOOKED	COST

Date	Promo Booked	Cost

Date	Promo Booked	Cost

Date	Promo Booked	Cost

Date	Promo Booked	Cost

DATE	PROMO BOOKED	COST

Date	Promo Booked	Cost

Date	Promo Booked	Cost

Date	Promo Booked	Cost

Date	Promo Booked	Cost

Date	Promo Booked	Cost

Date	Promo Booked	Cost

Date	Promo Booked	Cost

Date	Promo Booked	Cost

| Date | Promo Booked | Cost |

Date	Promo Booked	Cost

Date	Promo Booked	Cost

| Date | Promo Booked | Cost |

Date	Promo Booked	Cost

Date	Promo Booked	Cost

Date	Promo Booked	Cost

Date	Promo Booked	Cost

Date	Promo Booked	Cost

Date	Promo Booked	Cost

DATE	PROMO BOOKED	COST

Date	Promo Booked	Cost

Date	Promo Booked	Cost

Date	Promo Booked	Cost

Date	Promo Booked	Cost

Date	Promo Booked	Cost

Date	Promo Booked	Cost

Date	Promo Booked	Cost

Date	Promo Booked	Cost

Date	Promo Booked	Cost

Date	Promo Booked	Cost

Date	Promo Booked	Cost

Date	Promo Booked	Cost

Date	Promo Booked	Cost

Date	Promo Booked	Cost

Date	Promo Booked	Cost

Date	Promo Booked	Cost

Date	Promo Booked	Cost

Date	Promo Booked	Cost

Date	Promo Booked	Cost

Date	Promo Booked	Cost

Date	Promo Booked	Cost

Date	Promo Booked	Cost

Date	Promo Booked	Cost

Date	Promo Booked	Cost

<table>
<tr><th>Date</th><th>Promo Booked</th><th>Cost</th></tr>
</table>

Date	Promo Booked	Cost

Date	Promo Booked	Cost

Date	Promo Booked	Cost

Date	Promo Booked	Cost

Date	Promo Booked	Cost

Date	Promo Booked	Cost

Date	Promo Booked	Cost

Date	Promo Booked	Cost

Date	Promo Booked	Cost

Date	Promo Booked	Cost

Date	Promo Booked	Cost

Date	Promo Booked	Cost

Date	Promo Booked	Cost

Date	Promo Booked	Cost

Date	Promo Booked	Cost

Date	Promo Booked	Cost

DATE	PROMO BOOKED	COST

Date	Promo Booked	Cost

Date	Promo Booked	Cost

Date	Promo Booked	Cost

Date	Promo Booked	Cost

Date	Promo Booked	Cost

Date	Promo Booked	Cost

| Date | Promo Booked | Cost |

Date	Promo Booked	Cost

Date	Promo Booked	Cost

Date	Promo Booked	Cost

Date	Promo Booked	Cost

Date	Promo Booked	Cost

Date	Promo Booked	Cost

Date	Promo Booked	Cost

Date	Promo Booked	Cost

| Date | Promo Booked | Cost |

Date	Promo Booked	Cost

Date	Promo Booked	Cost

Date	Promo Booked	Cost

Date	Promo Booked	Cost

Date	Promo Booked	Cost

Date	Promo Booked	Cost

| Date | Promo Booked | Cost |

Date	Promo Booked	Cost

Date	Promo Booked	Cost

Date	Promo Booked	Cost

Date	Promo Booked	Cost

Date	Promo Booked	Cost

Date	Promo Booked	Cost

Date	Promo Booked	Cost

Date	Promo Booked	Cost

Date	Promo Booked	Cost

Date	Promo Booked	Cost

Date	Promo Booked	Cost

Date	Promo Booked	Cost
Date	Promo Booked	Cost

Date	Promo Booked	Cost

Date	Promo Booked	Cost

Date	Promo Booked	Cost

Thank you so much for your purchase.

I really do hope that this book has helped you,
even in some small way.

Would you like to see different designs/styles?

I am always very happy to hear from customers,
so please feel free to email me on

teeceedesignstudio@yahoo.com